Gabriele Höltje

Stofftiere fürs Krabbelkind

selbst genäht

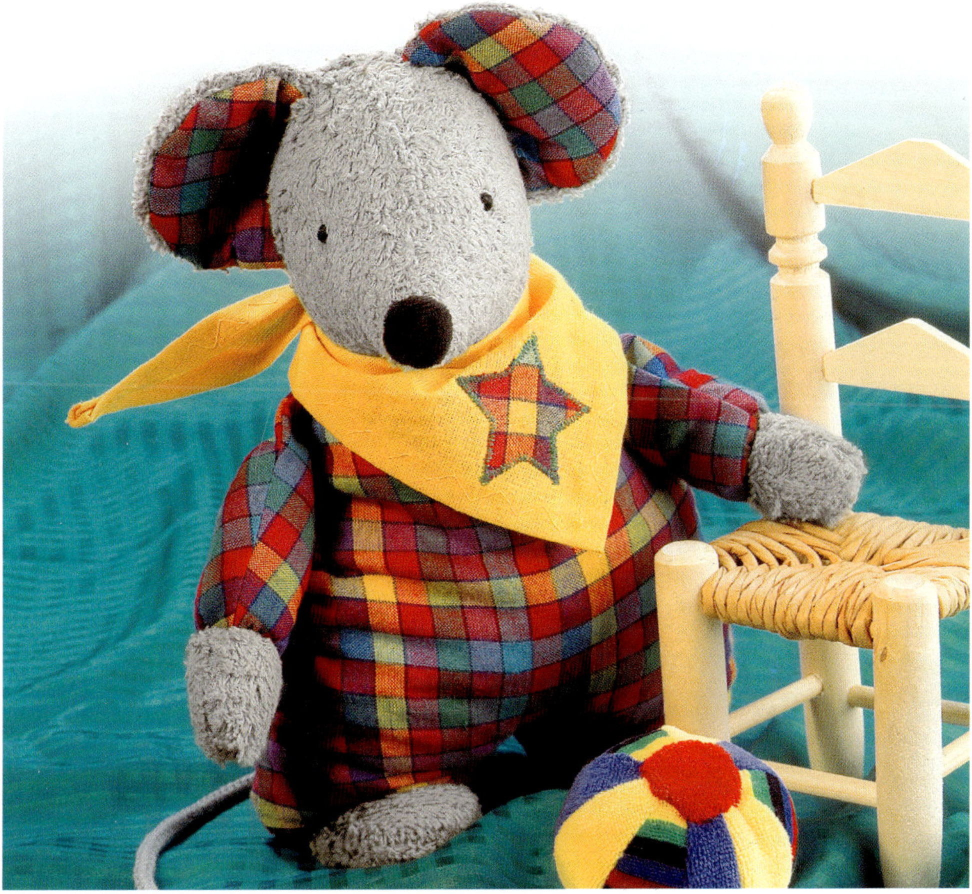

ENGLISCH VERLAG

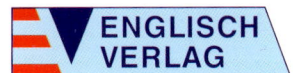

Die Deutsche Bibliothek - CIP-Einheitsaufnahme
Stofftiere fürs Krabbelkind: selbst genäht / Gabriele Höltje. – Wiesbaden: Englisch, 2001
ISBN 3-8241-1124-1

© by Englisch Verlag GmbH, Wiesbaden 2001
ISBN 3-8241-1124-1
Alle Rechte vorbehalten. Nachdruck, auch auszugsweise, verboten.
Fotos: Frank Schuppelius
Printed in Spain

Das Werk und seine Vorlagen sind urheberrechtlich geschützt, jede Verwertung oder gewerbliche Nutzung der Vorlagen und Abbildungen ist verboten und nur mit ausdrücklicher Genehmigung des Verlages gestattet. Dies gilt insbesondere für die Nutzung, Vervielfältigung und Speicherung in elektronischen Systemen und auf CDs. Es ist deshalb nicht erlaubt, Abbildungen und Bildvorlagen dieses Buches zu scannen, in elektronischen Systemen oder auf CDs zu speichern oder innerhalb dieser zu manipulieren.

Die Ratschläge in diesem Buch sind von der Autorin und dem Verlag sorgfältig erwogen und geprüft, dennoch kann eine Garantie nicht übernommen werden. Eine Haftung der Autorin bzw. des Verlages und seiner Beauftragten für Personen-, Sach- und Vermögensschäden ist ausgeschlossen.

Inhaltsverzeichnis

Vorwort 5

Materialien und Werkzeug 6

Arbeitshinweise und Tipps 7

Die Schlenkertiere 11
Conrad, der Bär, Rudi, der Hase,
und die kleine Mauseline

Lasse, der große weiche Eisbär . . 17

Die Kissenbären 20
Pit und Pia

Die Tiere aus der Tüte 22
Elmar, die Maus, Tony, der Hase
und Carlos, der Bär

Die Wärmetiere 26
Wolle, das Lämmchen, Ole, der Bär,
Eddi, die Maus, und Victor, der Hase

Vorwort

Sie sind die stillen Gefährten unserer Kinder – sie bewachen Träume, vertreiben böse Gestalten, hören zu, ohne zu unterbrechen, und behalten jedes Geheimnis für sich. Stofftiere!

Unter diesen gibt es so viele, nicht nur den guten alten Teddybären. Auch den Erwachsenen sind sie ein Quell der Freude, vor allem, wenn Sie die Tiere selbst nach Ihren eigenen Vorstellungen oder denen Ihrer Kinder, Nichten und Neffen oder Enkel herstellen. In meinem Buch zeige ich Ihnen, wie viele unterschiedliche, wundervolle Kuscheltiere aus Stoff sich mittlerweile in meiner Sammlung befinden – und vielleicht ja bald auch in Ihrer. Einsteiger wie Fortgeschrittene finden sicher ihr Lieblingstier darunter. Die Herstellung der Stofftiere wird durch eine genaue Arbeitsanleitung, Tipps und Schnitte in Originalgröße erleichtert. Ob Eisbär oder Lämmchen, Schlenker- oder Tütenmaus, diese Tiere werden ganz bestimmt auch bei Ihnen und Ihren Freunden, vor allem den kleinen, auf große Begeisterung stoßen.

Viel Spaß und Erfolg wünscht Ihnen

Gabriele Höltje

Materialien und Werkzeug

Für das Nähen dieser liebenswerten Stofftiere benötigen Sie folgende Materialien:
- Transparentpapier
- festes Tonpapier
- Bleistift
- Klebstoff
- wasserfester Stift
- Mohairfell
- Baumwollplüsch
- Wirkstoff
- Westfalenstoff
- Bauernwebstoff
- Nickistoff
- Trikotstoff
- Nähseide (farblich passend zum Stoff)
- reißfestes Abbindgarn
- Schlauchverband
- Schafwolle
- Kunststoffgranulat
- Gummigranulat
- Tieraugen
- Filz in Schwarz
- Stickgarn in Schwarz
- Spitze
- Baumwollband
- Perlen

- Glöckchen
- Kunststoff- und Pappscheiben
- Schrauben mit Unterlegscheiben und Flügelmuttern

Außerdem sollten Sie sich diese Werkzeuge und Hilfsmittel bereitlegen:
- Nähmaschine
- Stecknadeln
- Näh- und Stopfnadeln
- Zentimetermaß
- Stretch-Nähmaschinennadeln
- Häkelnadel
- scharfe Schere
- Flachzange
- lange Bärennadel
- Kochlöffel oder große Pinzette (zum Stopfen)

Die in diesem Buch verwendeten Westfaleln- und Bauernwebstoffe stammen von der Firma Westfalenstoffe AG
Albrecht-Thaer-Str.2, D-48147 Münster
Tel. 02 51/9 28 05-0
Fax 02 51/9 28 05-55
E-Mail: info@westfalenstoffe.de

Arbeitshinweise und Tipps

Die folgenden Hinweise gelten für alle Stofftiere in diesem Buch und werden nicht in allen Einzelheiten bei jeder einzelnen Beschreibung wiederholt.

Der Stoffverbrauch
Angegeben ist der tatsächliche Stoffverbrauch. Die erste Zahl ist immer die benötigte Stoffhöhe, die zweite Zahl ist die nötige Stoffbreite. So erhalten Sie einen Überblick darüber, wie viele Tiere Sie aus einer Stoffbreite nähen können. Westfalenstoff liegt z.B. 0,90 m oder 1,50 m breit, die Mohairstoffe und der Baumwollplüsch liegen 1,40 m breit. Manchmal sind im Fachhandel auch halbe Breiten erhältlich. Waschen Sie Mohair- oder Baumwollplüsch vor der Weiterverarbeitung; dann müssen Sie allerdings 10 - 15 cm mehr Stoff kaufen, da der Stoff einlaufen könnte.

Die Schnittmuster
Alle Schnitte finden Sie in Originalgröße auf dem Vorlagebogen. Pausen Sie den gewünschten Schnitt ab, und kleben Sie das dünne Papier auf einen festen Tonpapierbogen. Wichtig ist, dass Sie alle Zeichen und den Fadenverlauf übertragen. Fertigen Sie immer so viele Teile des gewählten Schnittes an, wie Sie auch benötigen, z.B. 2 Kopfseitenteile (1 x gegengleich), 4 x Ohren (2 x gegengleich) usw., denn dann gibt es beim Aufmalen keine Verwechslung, und das Auflegen und Zeichnen auf den Stoff wird erleichtert. So haben Sie einen guten Überblick, ob alle Teile auf den Stoff passen, und Sie können kein Teil vergessen. Malen Sie alle Teile mit einem dünnen, wasserfesten Stift auf den Stoff. Drücken Sie dabei nicht zu fest auf, sonst ist der Strich von der rechten Seite zu sehen.

Das Vorwaschen
Es ist ratsam, die Fellstoffe vorzuwaschen, wenn die Tiere später waschbar sein sollen. Rohmohair ist struppig, wird aber nach dem Waschen wunderbar flauschig.

Der Fadenlauf
Der Fadenlaufpfeil zeigt an, wie die Laufrichtung des Flors sein sollte. Wenn Sie nicht darauf achten, kann es schnell passieren, dass das Fell z. B. bei dem einen Kopfseitenteil nach hinten läuft und bei dem Gegenstück nach vorne.

Das Ausschneiden
Bei einem Mohairstoff schneiden Sie am besten mit einer scharfen Schere nur vorsichtig die Fellrückseite. Dadurch schneiden Sie an den Rändern nicht soviel Mohair ab. Wenn es auf dem Schnitt nicht anders angegeben ist, schneiden Sie alle Teile mit 0,5 cm Nahtzugabe aus.

Heften
Fellstoff, der aufeinander gelegt wird, verrutscht leicht unter der Nähmaschine. Deshalb sollten Sie das Fell zeichengerecht aufeinander legen. Bei der Mohairverarbeitung schieben Sie den Flor mit dem Finger nach

innen. Ganz können Sie das Einnähen der Mohairfasern nicht verhindern, Sie können sie aber später an den gestopften Körperteilen mit einer Nadel aus den Nähten holen. Die Teile werden zum Nähen zusammengesteckt und -geheftet. Dabei achten Sie darauf, dass Sie die Heftung auf beiden Seiten auf dem gemalten Strich vornehmen. Ich hefte mit der Nähseide, mit der ich auch nähe, damit der Heftfaden nicht wieder herausgezogen werden muss.

Nähen

Die Naht wird mit der Nähmaschine mit einer elastischen Dreifachnaht oder einem kleinen Zickzackstich genäht.

Rundungen und Ecken

Rundungen und Ecken müssen vor dem Umdrehen in der Nahtzugabe mehrfach eingeschnitten werden. So lassen sie sich besser wenden, sie werfen keine Falten und die Stoffkonturen kommen besser heraus.

Stopföffnungen

Versäubern Sie Stopföffnungen immer mit einem Zickzackstich. Dies ist besonders wichtig bei Stoffen, die leicht ausfransen.

Ausstopfen

Sie bestimmen, wie fest oder locker das Stofftier ausgestopft werden soll und vor allem, mit welchem Material. Meine Beschreibungen sind nur Vorschläge. Der Kopf allerdings sollte relativ fest gestopft werden, damit er sich beim Spielen nicht verformt. Zum Stopfen können Sie einen Kochlöffelstiel oder ähnliche Werkzeuge Ihrer Wahl benutzen. Stopfen Sie portionsweise mit jeweils kleinen Mengen des Materials, damit sich die Füllung gleichmäßig überall verteilen kann.

Augen

Die Augen werden mit Hilfe einer Bärennadel in den fertig gestopften Kopf gezogen. Für die Wahl der Augen gibt es mehrere Möglichkeiten, je nach Alter des Kindes. Bei einem Kuscheltier für Säuglinge und Kleinkinder verwende ich keine Glasaugen. Sie können z.B. aus Stickgarn mehrere Knoten übereinander knoten und diesen dicken Knoten als Auge einziehen. Oder Sie nähen aus schwarzem Nickistoff Augen auf (siehe Conrad, der Bär, bei den Schlenkertieren). Hierfür neh-

men Sie zwei kleine Reste schwarzen Nickistoff, füllen jeden mit Schafwolle, binden den Stoff zu einer Kugel in der gewünschten Größe eng ab und schneiden den überstehenden Stoff knapp ab (siehe Zeichnung „Nase der Maus"). Nun fädeln Sie die Stoffaugen auf einen reißfesten Faden und ziehen die beiden Fadenenden getrennt durch den Kopf nach unten. Ziehen Sie die Fäden fest an, so dass die Augen in einer Mulde liegen, und verknoten Sie sie unter dem Kopf an einer Stelle, wo sie später nicht mehr zu sehen sind. Glasaugen werden genauso aufgefädelt, die Öse mit einer Flachzange zusammengedrückt und beide Fadenenden zusammen nach unten durch den Kopf gezogen. Ziehen Sie die Fäden fest an, sodass das Auge in einer Mulde liegt und die Öse im Stoff versenkt ist, und verknoten Sie sie. Für Schlafaugen sticken Sie einen Strich mit schwarzem Garn (siehe „Kissenbär").

Nase und Mund

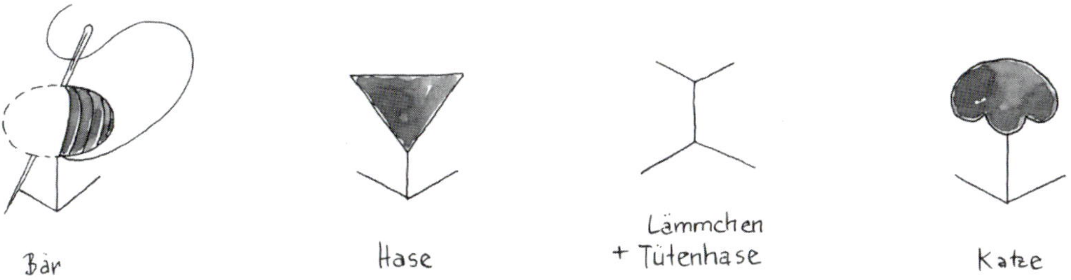

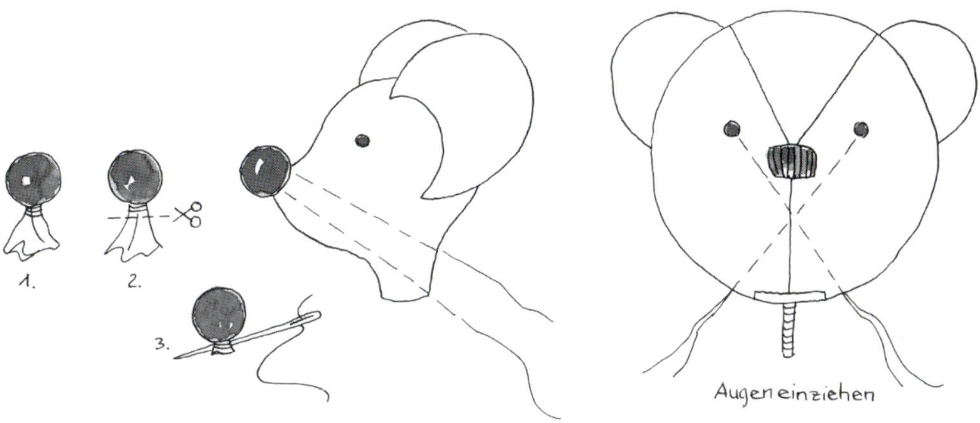

Schneiden Sie eine Nasenspitze in der gewünschten Form und Größe aus schwarzem Filz zu, und nähen Sie sie an der Schnauze fest. Danach sticken Sie mit schwarzem Stickgarn dicht an dicht einfache Flachstiche darüber. Den Mund sticken Sie nach eigenen Vorstellungen oder halten sich dabei an die abgebildeten Vorlagen (siehe Zeichnungen Seite 9 unten). Die Anfang- und Endfäden ziehen Sie durch den Kopf und verknoten sie unsichtbar.

Für die Nase der Maus füllen Sie ein Stück schwarzen Nickistoff mit Schafwolle oder ähnlichem Material. Binden Sie den Stoff eng ab, sodass eine Kugel in der gewünschten Größe entsteht, und schneiden die überstehenden Reste ab. Fädeln Sie die Nase auf einen reißfesten Faden, und ziehen Sie beide Fadenenden getrennt von der Schnauzenspitze durch den Kopf nach unten. Verknoten Sie die Fäden an einer unsichtbaren Stelle. Befestigen Sie die Nasenspitze zusätzlich mit Matratzenstich am Fell.

Ohren

Schneiden Sie die Ohrenteile nach dem Vorlagebogen aus. Nähen Sie jeweils eine Vorder- und Rückseite rechts auf rechts zusammen, wobei Sie unten eine Wendeöffnung lassen. Wenden Sie das Ohr, schlagen Sie die Nahtzugabe an der offenen Seite nach innen und säumen sie mit der Hand. Nun stecken Sie die Ohren an die gewünschte Stelle am Kopf und nähen sie mit einem festen Faden folgendermaßen an: Zuerst wird die Rückseite des Ohrs an den Kopf genäht. Dann wird die Vorderseite an die Rückseite genäht, indem Sie die Nadel von hinten durch den Kopf stechen und vor der Vorderseite herauskommen. Jetzt stechen Sie in den unteren Rand der Vorderseite und kommen am unteren Rand der Rückseite wieder heraus. So arbeiten Sie im Wechsel weiter. So werden die Ohren für Bären und Mäuse befestigt. Das Hasenohr wird in der vorderen Mitte ein wenig zusammengehalten, sodass eine Falte entsteht, und ringsherum angenäht. Die Ohren des Lämmchens werden seitlich am Kopf angenäht.

Perlen, Glöckchen und sonstige Verzierungen

Sie sehen schön aus, eignen sich aber nur für ältere Kinder, die nicht mehr alles in den Mund stecken.

Matratzenstich

Dieser Stich wird mit der Hand gearbeitet, wenn die Naht nicht sichtbar sein soll, z.B. beim Verschließen der Stopföffnung. Stechen Sie die Nadel jeweils von unten abwechselnd in jedes Stoffteil und ziehen bei jedem Stich gut zusammen.

Die Schlenkertiere

Conrad, der Bär, Rudi, der Hase, und die kleine Mauseline (35 cm groß)

Material (je Tier)
- Trikot, festere Qualität, 32 x 40 cm doppelt gelegt
- Baumwollplüsch oder Mohair, 30 x 70 cm
- Nickistoff, einfarbig, 30 x 70 cm
- Nickistoff, bunt, 22 x 140 cm
- Schafwolle, ca. 100 g
- Granulat, ca. 120 g
- Stickgarn für die Schnauze
- Filzrest
- 1 Paar Glasaugen, Ø 10 mm
- 2 Plastikscheiben, Ø 4,5 cm
- 1 Schraube, Größe M4 x 25 mm, mit Unterlegscheiben und Flügelmutter reißfester Abbindfaden und Nähseide in den passenden Farben
- Baumwollspitze, 4 cm breit, 50 cm lang
- Baumwollband, Schrägband

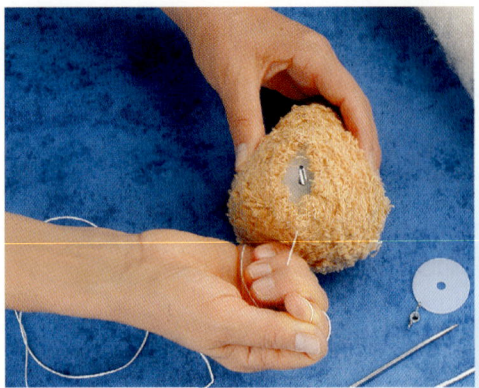

Anleitung
Schneiden Sie grundsätzlich alle Teile mit 0,5 cm Nahtzugabe aus.

Kopf
Für den Kopf werden alle im Schnittmuster angegebenen Teile auf den Baumwollplüsch gemalt. Übertragen Sie die Markierungen und beachten auch die Teile, die gegengleich aufgelegt werden müssen. Schneiden Sie alles aus, heften und nähen Sie dann zuerst die Kinn-Naht D – E. Schließen Sie die beiden Abnäher, heften das Kopfmittelteil nach den Markierungspunkten ein und nähen es fest. Dann wenden Sie den Kopf und stopfen ihn mit Schafwolle aus. Der untere Rand des Kopfes wird nun mit einem reißfesten Faden gereiht und die Plastikscheibe mit Unterlegscheibe und Schraube in den bis zum Rand gefüllten Kopf gesetzt. Ziehen Sie den Faden über der Scheibe zusammen und vernähen den Stoff gut. Jetzt ist der Kopf geschlossen, sodass das Schraubgewinde heraus schaut. Die zweite Scheibe wird nun mit Unterlegscheibe auf das Gewinde gesetzt und mit der Flügelmutter verschraubt. Dabei muss zwischen Kopf und Scheibe ein Abstand für den Stoff des Körpers und der Kleidung berücksichtigt werden. Nun verkleben Sie das überstehende Schraubgewinde, damit sich die Flügelmutter beim späteren Drehen des Kopfes nicht zurückdrehen und lösen kann.

Übertragen Sie die Teile für die Ohren auf den Stoff, schneiden sie aus und nähen sie rechts auf rechts zusammen. Bei der Maus nehmen Sie für die Innenohren den gleichen Nickistoff wie für den Anzug. Wie Sie die Ohren annähen, welche Augen Sie wählen und wie sie eingezogen werden, wie die Nasen gestickt werden, entnehmen Sie der Grundanleitung von Seite 9. Rudi, der Hase, und Mauseline haben Glasaugen, Conrad, der Bär, hat Augen aus Nickistoff.

Füße und Pfoten
Übertragen Sie die Teile vom Schnittmusterbogen einschließlich der Markierungen auf den Stoff, schneiden Sie sie aus und nähen sie rechts auf rechts zusammen. Die Hasen- und Mäusefüße haben eine Sohle, die am besten vor dem Nähen auch geheftet wird.

Danach werden die Teile gewendet und mit Schafwolle gestopft. Die verbliebenen Öffnungen werden am Rand gereiht und zugezogen.

Mauseschwanz

Mauselines Schwänzchen befindet sich nicht als Schnitt auf dem Schnittmusterbogen. Nähen Sie ihn aus einem 6,5 cm breiten und 30 cm langen Stück Fell. Das Wenden wäre in diesem Fall durch den dicken Stoff sehr mühsam. Nähen Sie den Schwanz daher mit der Hand von rechts mit einem Matratzenstich zu und befestigen ihn im unteren Rückenbereich der Maus.

Hasenschwanz

Rudis Schwänzchen befindet sich ebenfalls nicht auf dem Schnittmusterbogen. Schneiden Sie dafür einen Kreis von etwa 11 cm zu und reihen diesen am Rand mit einem festen Faden. Füllen Sie das Teil mit Schafwolle, ziehen den Faden fest zu und verknoten ihn. Dieses Stummelschwänzchen nähen Sie erst an den Körper, wenn der Hase seine Hose an hat. Die entsprechende Öffnung in der Hose zeigt Ihnen, wo Sie den Schwanz am Körper annähen müssen.

Körper

Übertragen Sie den Schnitt auf den rechts auf rechts doppelt gelegten Trikotstoff, und nähen Sie auf dem gezeichneten Strich, wobei Sie Kopf-, Arm- und Beinöffnungen offen lassen. Jetzt schneiden Sie den Körper aus und wenden ihn, nachdem Sie den Rand an allen Ecken und Rundungen mehrmals eingeschnitten haben. Übertragen Sie die gestrichelten Linien vom Schnittmuster auf den gewendeten Körper, und nähen Sie auf den Linien entlang. So kann die Granulatfüllung der Arme und Beine nachher nicht in den Körper rutschen.

Füllen Sie die Arme mit je 25 g Granulat, die Beine mit je 35 g Granulat, und nähen Sie die Öffnungen an den äußersten Kanten zu.

Übertragen Sie die Kreuzchen-Linien auf den Körper und stülpen den Stoff bis zu diesen Linien nach innen. Dadurch entsteht eine Tasche, in die Sie die Pfoten und Füße einsetzen und festnähen.

Füllen Sie nun den Körper von der Halsöffnung her mit Schafwolle. Danach schlagen Sie den Saum am Hals ein Stück nach innen und reihen ihn mit einem reißfesten Faden. Nun wird der Kopf eingesetzt, indem die Plastikscheibe, die unter dem Tierkopf sitzt, in die Halsöffnung geschoben und der gereihte Saum über der Scheibe zusammengezogen und verknotet wird. Der Stoff rutscht so zwischen Kopf und Scheibe. Vernähen Sie den Faden nicht am Kopf, sonst lässt er sich nicht mehr drehen.

Nickianzug

Übertragen Sie den Schnitt auf den rechts auf rechts doppelt gelegten Nickistoff und nähen auf der Linie entlang. Nähen Sie die Kopf-, Arm- und Beinöffnungen nicht zu. Schneiden Sie nun den Anzug aus, schlagen Sie die Säume an Kopf-, Arm- und Beinöffnungen um und reihen sie mit einem reißfesten Faden. Schneiden Sie Ecken und Rundungen ein. Legen Sie den Nickikörper so hin, dass Sie die Pfoten und Füße, die ja

schon am Grundkörper festgenäht sind, hineinstecken können. Ziehen Sie die Reihfäden fest zusammen, wickeln sie um die Gliedmaßen und vernähen sie gut. Nun wenden Sie den Nickianzug, wobei nach und nach der Grundkörper in den Nickianzug rutscht. Den Saum des Halsausschnitts schlagen Sie nun nach innen um, reihen ihn mit einem reißfesten Faden und ziehen ihn über der mit dem Körperstoff bereits bedeckten Scheibe zusammen. Verknoten Sie den Faden gut.

Hose
Legen Sie den Nickistoff rechts auf rechts, und übertragen Sie die rückwärtige Passe zweimal, einmal davon gegengleich, sowie die vordere Passe. Nähen Sie die runden Halsausschnitte, und schneiden Sie die Passenteile aus. Schneiden Sie den Saum der Rundungen ein. Nähen Sie die beiden rückwärtigen Passen an den Schulternähten an die Vorderpasse. Wenden Sie die fertige Passe. Legen Sie die beiden vorderen Hosenteile aufeinander, und nähen Sie die vordere Mitte. Klappen Sie das Teil wieder auf, reihen Sie die obere Kante mit einem Kräuselstich und nähen daran die vordere Passe. Legen Sie die beiden rückwärtigen Hosenteile aufeinander und nähen die rückwärtige Mitte bis zur Markierung A. Bei der Hasen- und der Mäusehose achten Sie auf die Öffnung für den Schwanz. Versäubern Sie den Schlitz, der ab der markierten Stelle verbleibt. Dafür schlagen Sie die eine Seite zweimal um und nähen den Saum fest. An die andere Seite des Schlitzes stecken Sie einen Streifen Stoff, schlagen ihn um und nähen ihn so fest, dass er unter die gegenüberliegende Seite gelegt werden kann. Dadurch kann später die rückwärtige Passe übereinander gelegt werden. Nun wird das obere Rückenteil ebenfalls gekräuselt und an die beiden rückwärtigen Passenteile genäht. Schließen Sie nun die Hosenbeinmittelnaht, und versäubern Sie die Armausschnitte mit Schrägband. Schließen Sie die beiden Seitennähte. Schlagen Sie die Hosenbeine um, nähen einen Tunnel und ziehen Gummiband ein.

Spitzenkragen
Versäubern Sie die Spitze an den Enden, schlagen Sie die Kante über die gesamte obere Länge um und nähen einen Tunnel. Häkeln Sie ein Baumwollbändchen, ziehen es durch den Tunnel und binden den Spitzenkragen um den Hals. Die Enden des Bändchens verzieren Sie mit Perlen oder Glöckchen. Dem Hasen können Sie selbst genähte Möhren annähen.

Möhren
Schneiden Sie die Möhren nach dem Schnittmuster zu, nähen den Kegel zu einer Tüte zusammen und stopfen sie aus. Schlagen Sie den Rand nach innen um, reihen ihn und ziehen ihn zusammen. Dabei stecken Sie noch etwas grünes Garn als Kraut dazwischen und nähen es mit fest.

Lasse, der große weiche Eisbär
(55 cm lang)

Material
- Mohair- oder Baumwollplüsch, 67 x 140 cm
- Schafwolle, 300 g
- Gummigranulat, 760 g
- 1 Paar Glasaugen in Schwarz, 10 mm
- Filzrest in Schwarz
- Stickgarn in Schwarz
- Trikot für den Innenkörper, 35 x 140 cm
- 2 Pappscheiben, Ø 9 cm
- Schraube mit Unterlegscheiben und Flügelmutter, M4 x 25 mm
- Schlauchverband, 4 cm breit, 160 cm lang
- Nähseide, reißfestes Abbindgarn

Anleitung

Beginnen Sie mit dem Innenkörper aus Trikotstoff. Übertragen Sie die Teile vom Schnittmusterbogen und schneiden sie mit 0,5 cm Nahtzugabe aus. Nähen Sie die Bauch- und Rückennaht, wobei in der Bauchnaht die Öffnung zum Stopfen zu berücksichtigen ist. Schließen Sie die Abnäher im Rückenteil, legen Sie Bauch- und Rückenteil rechts auf rechts aufeinander und nähen ringsherum zu. Wenden Sie den Innenkörper durch die Stopföffnung, und füllen Sie ihn locker mit Schafwolle und 500 g Gummigranulat. Wenn Sie es möchten, können Sie den Körper aber auch fester oder lockerer füllen. Allerdings wird der Eisbär umso unbeweglicher, je kompakter er gefüllt wird.

Bevor Sie den Fellkörper aufmalen, müssen Sie sich entscheiden, ob der Bär einen angenähten oder einen drehbaren Kopf haben soll. Beachten Sie hierzu die Hinweise auf dem Schnittmuster. Linie 1 ist zum Annähen des Kopfes, Linie 2 für den drehbaren Kopf. Übertragen Sie alle Schnittteile einschließlich der Markierungen auf den Fellstoff, nähen Sie die Rückennaht und schließen die Abnäher. Wenn Sie die Bauchnaht arbeiten, versäubern Sie die Öffnung zum Stopfen mit einem Zickzackstich.

Nähen Sie den Schwanz und stopfen ihn leicht aus. Legen Sie Bauch und Rücken rechts auf rechts aufeinander, schieben Sie den Schwanz an der angegebenen Stelle dazwischen, und nähen Sie den Fellkörper zusammen. Die Öffnungen für Kopf und Füße bleiben noch offen. Schneiden Sie die Sohlen zu, heften Sie sie in die Fußöffnung und nähen sie an. Schneiden Sie nach Wunsch das Fell von den Sohlen ab. Übertragen Sie die Teile für die Ohren auf den Plüschstoff, schneiden sie aus und nähen sie rechts auf rechts zusammen. Wenden Sie die Ohren.

Kopf

Übertragen Sie die Teile vom Schnittmusterbogen auf den Fellstoff. Wenn Sie möchten, rasieren Sie vor dem Zusammennähen die Schnauze. Anschließend beginnen Sie mit der

Kinn-Naht und schließen die Abnäher. Dann wird das Kopfmittelteil eingeheftet und angenäht. Wenden Sie nun den Kopf auf rechts. Soll der Bär einen angenähten Kopf bekommen, dann stecken Sie jetzt den auf rechts gewendeten Kopf in den noch nicht gewendeten Fellkörper und nähen ihn an. Jetzt wird der Körper auf rechts gedreht. Stopfen Sie den Kopf mit Schafwolle aus. Schneiden Sie aus dem Fellstoff einen Kreis von 9 cm Durchmesser und nähen ihn von innen als Verschluss gegen die Halsnaht, damit die Schafwolle nicht aus dem Kopf rutschen kann. An diesen inneren Kopfverschluss ziehen Sie auch die Augen- und Schnauzenfäden. Die genaue Anleitung für Augen und Schnauze entnehmen Sie der Grundanleitung von Seite 7.

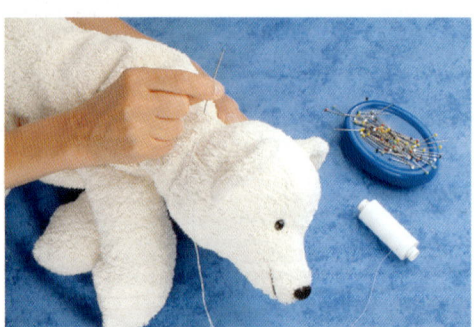

Für einen drehbaren Kopf stopfen Sie den genähten und gewendeten Kopf aus, ziehen rund um die Stopföffnung einen reißfesten Faden, legen die Pappscheibe mit Unterlegscheibe und Schraube in die Öffnung und ziehen dann den Faden fest über der Scheibe zu. Verknoten und vernähen Sie den Faden. Die Schraube muss aus dem Kopf noch herausschauen. Ziehen Sie die Augen ein, befestigen Sie die Ohren und sticken Sie die Schnauze gemäß der Grundanleitung auf Seite 9. Nun wird die Halsöffnung am Körper bis auf ein Loch für die Schraube zugenäht, wobei die Ecken leicht abgerundet werden (siehe Linie B auf dem Bauchschnittmuster). Wenden Sie den Körper und stecken die Schraube durch das verbliebene Loch. Nun kommt die zweite Scheibe auf die Schraube und wird mit Unterlegscheibe und Flügelmutter befestigt. Verkleben Sie das restliche Gewinde der Schraube, damit sich die Mutter nicht lösen kann. Wenden Sie den Körper wieder auf rechts.

Nun werden die vorderen und hinteren Pfoten zunächst mit Schafwolle gestopft. Schneiden Sie 4 x 40 cm von dem Schlauchverband zu, verknoten jeweils ein Ende und wenden und füllen ihn mit Gummigranulat, je 40 g für die Vorderbeine, je 90 g für die Hinterbeine. Verknoten Sie die Schläuche und stecken Sie sie in die Beine. Nun kommt der genähte und gefüllte Innenkörper in den Fellkörper, und Sie können die Bauchnaht mit Matratzenstich schließen.

Die Kissenbären
Pit und Pia (35 cm groß)

Material (je Tier)
- Baumwollfrottee, 22 x 70 cm
- Nickistoff für den Körper, 30 x 70 cm
- Vlies, 30 x 70 cm
- Nickistoff für das Halstuch, 35 x 35 cm
- Stickgarn für die Schnauze
- Schafwolle, 200 g
- 2 Plastikscheiben, Ø 4,5 cm
- 1 Gewindeschraube, M4 x 25 cm mit Unterlegscheiben und Flügelmuttern
- Filzrest in Schwarz
- Nähseide in passenden Farben
- reißfestes Abbindegarn

Arbeitsanleitung
Übertragen Sie alle Teile vom Schnittmusterbogen einschließlich der Markierungen auf den Stoff, und schneiden Sie alles mit 0,5 cm Nahtzugabe aus. Beachten Sie dabei die Teile, die gegengleich benötigt werden.

Kopf
Nähen Sie zunächst die Kinn-Naht der beiden Kopfseitenteile, und schließen Sie die Abnäher. Heften Sie das Kopfmittelteil gemäß den Markierungen ein und nähen es an. Wenden Sie das Teil und stopfen es mit der Schafwolle aus. Ziehen Sie rund um die Stopföffnung einen reißfesten Faden ein. Nehmen Sie die Gewindeschraube mit einer Plastikscheibe und einer Unterlegscheibe und setzen sie auf die Stopföffnung. Ziehen Sie nun den festen Faden über der Scheibe zusammen, verknoten und vernähen ihn. Jetzt schaut nur noch das Schraubgewinde aus dem Kopf heraus.

Arbeiten Sie die Ohren, Augen und Nase nach der Grundanleitung auf Seite 9. Die hier gezeigten Kissenbären haben gestickte Schlafaugen.

Körper
Schneiden Sie das Bauchteil zweimal aus, einmal davon gegengleich. Schneiden Sie die gleichen Teile aus dem Vlies aus und unterlegen die Bauchteile damit. Das hat den

Vorteil, dass die Kissenbären schon etwas gepolstert sind und beim Stopfen nicht so leicht Beulen sichtbar werden. Legen Sie nun die unterlegten Bauchteile rechts auf rechts aufeinander (das Vlies liegt außen), stecken sie zusammen und schließen unter Berücksichtigung der Stopföffnung die Bauchmittelnaht. Nähen Sie die Armvorderteile rechts und links an das Bauchteil.

Unterlegen Sie das Körperrückenteil mit Vlies, und nähen Sie die Armrückteile an die angegebenen Stellen. Nähen Sie an der Markierung ein Knopfloch in das Rückenteil. Nähen Sie den Schwanz, wenden ihn und stopfen ihn leicht aus. Legen Sie nun Bauch- und Rückenteil mit den angesetzten Ärmeln rechts auf rechts aufeinander, schieben Sie den Schwanz an der gekennzeichneten Stelle dazwischen, stecken alles gut zusammen und schließen die Naht ringsherum. Wenden Sie den Körper von der Stopföffnung her.

Nun wird der Kopf an den Körper montiert: Führen Sie die Schraube, die aus dem Kopf herausschaut, durch die Knopflochöffnung am Rücken. Stecken Sie von innen die zweite Plastikscheibe und die Unterlegscheibe darauf, und schrauben Sie die Flügelmutter dagegen. Die Mutter darf nicht zu fest angezogen werden, damit der Kopf drehbar bleibt. Das restliche Schraubgewinde wird verklebt, sodass die Flügelmutter sich nicht wieder lösen kann. Stopfen Sie jetzt Arme und Körper in der gewünschten Festigkeit, und schließen Sie zum Schluss die Öffnung am Bauch mit Matratzenstich.

Falten Sie das quadratische Nickituch rechts auf rechts zu einem Dreieck und nähen es bis auf eine Öffnung zum Wenden ringsrum zu. Wenden Sie das Halstuch und schließen die verbliebene Öffnung mit einer Handnaht.

Die Tiere aus der Tüte

Elmar, die Maus, Tony, der Hase, und Carlos, der Bär (mit Stock 50 cm groß)

Material (je Tier)
- Wirkstoff, 11 x 26 cm
- Westfalenstoff, 15 x 50 cm
- Vlies, 22 x 35 cm
- Nickistoff, 22 x 35 cm
- 1 Rundstab, Ø 8 mm
- 1 Paar Glasaugen, 5 mm
- Spitze, ca. 4 cm breit, 40 cm
- Baumwollband
- Pappe, 22 x 35 cm
- Stickgarn für die Schnauze
- Reststück Filz in Schwarz bzw. für die Maus Nickistoff in Schwarz für die Schnauze
- Schafwolle, ca. 20 g
- Nähseide und reißfestes Abbindegarn

Anleitung
Kopf

Mäuse-, Hasen- und Bärenkopf werden nach dem gleichen Prinzip genäht. Sie unterscheiden sich nur im Schnittmuster. Da die Köpfe klein sind, eignet sich am besten ein dünnerer Fellstoff. Der Wirkstoff hat keinen festen Rücken, sodass er sich gut für kleine Tiere eignet. Übertragen Sie die Schnittteile auf den Wirkstoff. Beachten Sie dabei den Fadenlauf und übertragen die Markierungen. Schneiden Sie alles mit 0,5 cm Nahtzugabe aus. Zuerst wird die Kinn-Naht geheftet und genäht, dann der Hinterkopf eingefügt, geheftet und genäht. Nun wird das Teil auf rechts gewendet. Stopfen Sie den Kopf mit der Schafwolle, wobei Sie in der Mitte Platz für den Rundholzstab lassen. Setzen Sie den Kopf auf den Stab und markieren darauf die Stelle, wo der Hals endet. Bohren Sie an dieser Stelle ein Loch durch den Stab und nähen den Kopf durch dieses Loch am Stock fest.

Arbeiten Sie die Ohren, Augen und Nase nach der Grundanleitung auf Seite 9.

Nähen Sie aus kleinen Resten von Wirkstoff die Hände, füllen sie mit Schafwolle und binden sie fest ab. Hinter dem Abgebundenen schneiden Sie den Stoff ab.

Die Bluse schneiden Sie nach dem Schnittmuster ohne Nahtzugabe aus, nähen und wenden sie. Ziehen Sie rund um die Armöffnungen einen reißfesten Faden ein, stecken die abgebundenen Hände hinein, ziehen den Faden zusammen und nähen mit der Hand rundherum fest. Nun wird die Bluse am Hals angenäht.

Tüte

Schneiden Sie den Tütenschnitt einmal aus Nickistoff und einmal aus Vlies aus. Legen Sie beides aufeinander und schließen Sie die Naht zu einer Tüte. An der Spitze muss noch der Stock hindurchpassen. Schneiden Sie aus der Pappe ebenfalls die Tütenform. Klammern oder kleben Sie sie so zusammen, dass sie in die Stofftüte passt. Schneiden Sie an der Spitze ein wenig ab, sodass der Stock sowie eine Lage Stoff hindurchpassen.

Beziehen Sie nun die Papp- mit der Stofftüte. Schlagen Sie den Stoff am oberen Rand und an der Spitze über die Pappe nach innen und kleben ihn fest.

Stecken Sie nun den Kopf mit Stock und Bluse durch die Tüte. Schlagen Sie den unteren Blusenrand 1 cm um und nähen ihn mit Matratzenstich an den oberen Rand der Tüte.

Halskrause

Versäubern Sie die beiden Enden der Spitze, schlagen Sie die obere Kante der Länge nach um und nähen einen Tunnel. Häkeln Sie ein Bändchen aus Baumwollgarn, ziehen es durch den Tunnel und binden die Spitze damit um den Hals der Tütentiere. Die Enden der Bänder können Sie nach Wunsch mit Perlen oder Glöckchen verzieren.

Die Wärmetiere
Wolle, das Lämmchen, Ole, der Bär, Eddi, die Maus, und Victor, der Hase (ca. 25 cm groß)

Material (je Tier)
- Baumwollplüsch, 25 x 35 cm
- Bauernwebstoff, bunt, 25 x 70 cm
- Bauernwebstoff, einfarbig, 30 x 30 cm
- Kirschkerne, ca. 330 g, oder Weizen/Dinkel, ca. 400 – 450 g
- Schafwolle, ca. 60 x 70 g
- Stickgarn
- Nickistoff in Schwarz (kleiner Rest)
- Kordel für den Mauseschwanz, 30 cm
- Nähseide, reißfestes Abbindegarn

Anleitung
Die Köpfe werden alle nach dem gleichen Prinzip genäht. Wählen Sie den gewünschten Kopf, und übertragen Sie die entsprechenden Teile einschließlich der Markierungen aus dem Schnittmusterbogen auf den Plüsch. Achten Sie darauf, dass die beiden Kopfseitenteile gegengleich sein müssen. Schließen Sie zuerst die Kinn-Naht D - E. Setzen Sie dann das Kopfhinterteil ein und nähen es an. Wenden Sie das Teil und stopfen es bis zum Halsansatz aus. Ziehen Sie rund um die Halsöffnung einen reißfesten Faden ein, ziehen ihn fest zusammen und vernähen ihn.

Wolle, das Lämmchen:
Damit sich die Schnauze vom Kopffell abhebt, wird der Stoff für die Schnauze einfach umgedreht. Da man auf Fell nicht zeichnen kann, stecken Sie den Schnitt zum Ausschneiden auf. Die Markierungen können auch nicht übertragen werden. Finden Sie die entsprechenden Punkte durch Anhalten. Stecken Sie die gegengleich zugeschnittenen Schnauzenteile jeweils an die beiden Kopfseitenteile und nähen die Linie M von 1 - 2. Jetzt können Sie die Kinn-Naht D - E nähen und den Kopf wie oben beschrieben fertig stellen. Die Nahtzugabe der M-Naht muss nach hinten zeigen.
Arbeiten Sie die Ohren, Augen und Nasen nach der Grundanleitung auf Seite 9. Die

Innenohren beim Lämmchen, beim Hasen und bei der Maus wurden mit dem Bauernwebstoff des Körpers gearbeitet; der Bär hat Fellohren. Als Augen wurden hier aus schwarzem Stickgarn gebildete Knoten eingesetzt.

Pfoten und Füße

Schneiden Sie die Teile aus dem Plüsch aus, nähen Sie sie zusammen und stopfen sie leicht aus. Besonders die Füße sollten nicht zu fest gestopft werden, da sie sich sonst schlecht annähen lassen.

Körper

Legen Sie so viel von dem Bauernwebstoff rechts auf rechts, wie für das Rückenteil benötigt wird, stecken Sie den Schnitt auf, und

nähen Sie zuerst die Rückenmittelnaht. Lassen Sie dabei den Anschnitt als Stopföffnung offen, versäubern ihn jedoch mit einem Zickzackstich. Bei der Maus muss die Kordel als Schwanz an der markierten Stelle mit eingenäht werden. Schneiden Sie das Rückenteil nun aus, klappen es auseinander und legen es auf den Reststoff. So ergibt sich das Vorderteil. Nähen Sie nun ringsherum zu, auch die Hals- und Armöffnungen.

Nur die Öffnungen für die Füße und die Stopföffnung bleiben offen. Legen Sie nun die Füße mit der Rundung voran zwischen die Stofflagen und nähen sie zunächst an der rückwärtigen Stofflage fest. Alle Stofflagen werden nun gut zusammengesteckt und die Fußöffnung geschlossen. Nun wird der Vorderfuß bei Punkt A mit einem Handstich an das vordere Körperteil genäht. Dadurch zeigt der Fuß nach dem Umdrehen nach vorne. Alle Ecken und Rundungen müssen eingeschnitten werden.

Dann kann der Körper von der Stopföffnung her gewendet werden. Stülpen Sie die Arme an der gestrichelten Linie nach innen. Dadurch entsteht eine Tasche für die Pfoten. Ziehen Sie einen Faden an der Stoffkante ein, setzen Sie die Pfote ein und nähen sie fest. Mit dem eingezogenen Faden können Sie die Ärmelweite so regulieren, dass die Pfote passt. Stopfen Sie nun die Arme von der Stopföffnung her locker mit Schafwolle, und nähen Sie die Linien B. Stülpen Sie den Hals bis zur Linie C nach innen, schieben den Halsansatz des Kopfes ein und nähen den Kopf an.

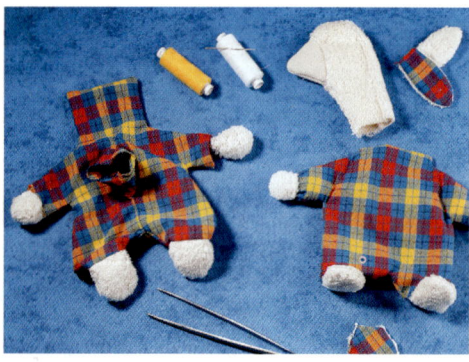

Füllen Sie den Körper von der Rückenöffnung her mit Kirschkernen, Weizen oder Dinkel. Nähen Sie die Stopföffnung mit großen Stichen zu, die sich leicht wieder auftrennen lassen, damit Sie zum Waschen die Füllung herausnehmen können. Der zugenähte Anschnitt wird bis zur gestrichelten Linie nach innen gestülpt, und der Rücken mit einer Handnaht geschlossen. Beim Lämmchen ist mit dieser Naht noch das Schwänzchen mit zu fassen, das Sie nach dem Schnittmuster angefertigt haben.

Schneiden Sie das Halstuch nach dem Schnittmusterbogen aus und nähen die Kanten um. Der Stern wird mit einem engen Zickzackstich aufgenäht.

Gebrauchsanleitung

Diese alternative Wärmflasche für das Kinderbett ist eine Abwandlung des altbewährten Weizensacks und für die Wärme- und Kältetherapie gleichermaßen geeignet. Voraussetzung für den Wärmeeinsatz ist, dass das Kissen aus Baumwollstoffen genäht und der Kopf mit Schafwolle gefüllt ist. Durch die Körnerfüllung ist das Tier gut beweglich und passt sich dem Körper hervorragend an. Ein großer Vorteil gerade für Kinder ist, dass eine solche Wärmflasche nicht unangenehm abkühlt, sondern auch am nächsten Morgen noch angenehme Körpertemperatur hat. Die Wärmekissen bereitet man auf zweierlei Arten vor: in der Mikrowelle bei 500 Watt, etwa 3 bis 5 Minuten, oder im Backofen bei 200 Grad, etwa 20 Minuten.

Achtung:

Im Backofen ist unbedingt erforderlich, das Wärmetier in Alufolie einzupacken, damit der Stoff nicht braun wird. Vor der Benutzung als Kühlkissen muss das Kuscheltier für einige Zeit in den Gefrierschrank oder in das Eisfach des Kühlschranks. Wenn Sie es waschen wollen, öffnen Sie die Rücken- und Anschnittnaht und entnehmen die Körnerfüllung.

ISBN 3-8241-1100-4
Broschur, 32 S., 2 Vorlageb.

ISBN 3-8241-1069-5
Broschur, 32 S., 2 Vorlageb.

ISBN 3-8241-1026-1
Broschur, 32 S., 2 Vorlageb.

ISBN 3-8241-1002-4
Broschur, 32 S., 2 Vorlageb.

ISBN 3-8241-1079-2
Broschur, 32 S., 2 Vorlageb.

ISBN 3-8241-1076-8
Broschur, 32 S., 2 Vorlageb.

Lust auf Mehr?

Liebe Leserin, lieber Leser,
natürlich haben wir noch viele andere Bücher im Programm.
Gerne senden wir Ihnen unser Gesamtverzeichnis zu.
Auch auf Ihre Anregungen und Vorschläge sind wir gespannt.
Rufen Sie uns einfach an oder schreiben Sie uns.

Englisch Verlag GmbH
Postfach 2309 · 65013 Wiesbaden
Telefon 06 11/9 42 72-0 · Telefax 06 11/9 42 72 30
E-Mail   info@englisch-verlag.de
Internet   http://www.englisch-verlag.de